Et Dieu, dans tout ça ?

Marie Desplechin

Et Dieu, dans tout ça ?

Neuf

l'école des loisirs

11, rue de Sèvres, Paris 6e

À Mathieu Raynaud
et à son ami Louis,
avec tendresse

Loi n° 49.956 du 16 juillet 1949 sur les publications
destinées à la jeunesse : septembre 1994
Dépôt légal : juillet 2005
Imprimé en France par Aubin Imprimeur à Ligugé, Poitiers

1

Mes parents sont souvent d'accord. Par exemple pour ce qui concerne mon travail scolaire. Ils trouvent tous les deux que je travaille comme un cochon. J'ai beau faire de terribles efforts, j'ai beau passer énormément de temps assis à mon bureau, ils ne sont jamais contents. Mon père raconte à ma mère que je joue aux avions avec mes doigts au lieu de travailler. Ma mère examine mes feuilles à la loupe jusqu'à ce qu'elle ait trouvé quelques minables ratures. Au bout du compte, ils se gâchent la soirée à me crier dessus. Moi, je m'écrase. Je range mes doigts, je sors une nouvelle feuille et je recommence.

Quand ils se sont séparés, j'ai cru que ça allait se calmer. Pas du tout. Ils sont encore pires. On dirait qu'ils ont deux fois plus de temps à consacrer à mon cahier de textes. Ils prennent ensemble rendez-vous avec ma maîtresse pour rapporter. Je les imagine bien, ces trois grands fayots, assis sur de petites chaises autour de mon bureau en train de parler de moi en se désolant.

– Il a encore mis deux heures hier soir pour faire le petit exercice de grammaire que vous lui aviez donné. Il rêvasse en espérant que les résultats vont lui tomber tout cuits du plafond.

– Comment voulez-vous qu'il réussisse ses contrôles ? Il met une demi-heure pour sortir sa feuille et son crayon du cartable ! Les autres ont déjà fini, et lui n'a même pas commencé !

Et patati et patata, bien sûr ma chère madame, mais forcément mon cher monsieur... Mes parents vont jusqu'à se téléphoner le soir pour se parler de l'école ! Je préférerais qu'ils s'intéressent à des choses de leur âge.

Il y a pourtant un sujet sur lequel ils ne sont pas d'accord. Ce sujet, c'est Dieu. Dieu est une question qui m'intéresse depuis que je suis tout petit. Avec les dinosaures et le big bang. Je regrette que, dans la vie, Dieu soit moins important que la grammaire ou les fractions.

Au moins je pourrais m'intéresser de bon cœur.

Quand j'étais enfant, avant même que j'apprenne à lire, les gens me demandaient souvent :

– Et toi, Henri, qu'est-ce que tu feras comme métier plus tard ?

Je n'aimais pas beaucoup cette question. Je me fiche de savoir ce que je ferai plus tard. J'ai bien le temps de réfléchir. De toute façon, quelle que soit la réponse (avocat, boulanger ou coureur cycliste), elle déclenche toujours le même commentaire :

– Mais alors, il faut que tu travailles bien en classe. C'est très important, le travail de classe !

Et c'est reparti pour le quart d'heure de reproches.

Je préférerais que l'on me demande :

– Et toi, Henri, franchement, que penses-tu de cette histoire de Dieu ?

Je serais à l'aise pour discuter. Et on ne pourrait pas me répondre qu'il faut que je travaille bien en classe. Jusqu'à maintenant, je n'ai pas trouvé de rapport entre Dieu et le travail scolaire. Dieu est un des rares sujets qui se suffise à lui-même.

2

Tout au long du premier trimestre, j'ai attendu les vacances de Noël, je les ai espérées, je les ai rêvées. À cause des cadeaux, évidemment. Mais aussi parce que j'allais échapper à l'école pendant dix jours.

Bien sûr, comme tous les ans, le temps des cadeaux est passé trop vite. J'avais à peine profité des vacances que je me suis retrouvé en classe, avachi sur ma petite table, enseveli sous le travail et les punitions. Épuisé. Déprimé.

Même l'espoir de Noël avait disparu… Si je ne voulais pas devenir dingue, il fallait absolument que je me change les idées, que je m'accroche à quelque chose dans la vie.

Voilà comment j'ai décidé de m'intéresser sérieusement à Dieu. J'aime beaucoup m'occuper à fond d'une idée. L'année dernière, par exemple, je me suis occupé à fond de l'heure qu'il était. Vingt fois par jour, je demandais l'heure précise à tous les gens que je croisais. Je n'étais jamais vraiment sûr de leur réponse. Alors j'insistais : « Oui, mais, dix heures *dix* ou dix heures *onze* ? » Je vérifiais sur ma calculette de poche, et il était déjà dix heures douze. J'espionnais la radio pour vérifier les changements. Je remettais sans cesse ma montre à l'heure. Je rendais tout le monde fou autour de moi.

Cette année, je me suis occupé de Dieu. J'ai voulu me faire une idée sur lui, sur son existence, sur ses possibilités. J'étais curieux de savoir si je pouvais gagner un petit bénéfice à le connaître.

Une semaine après la rentrée, j'ai donc lancé une enquête auprès des grandes personnes. Après tout, elles ont toutes entendu parler de Dieu, de l'âme et du paradis. Qu'elles soient pour ou contre, elles ont forcément quelque chose à en dire. Il suffisait d'aller leur demander.

Je précise que j'étais encore assez excité par toutes ces histoires de Dieu et de Jésus qui reviennent au moment des fêtes de fin d'année. Noël constitue par exemple une occasion rêvée pour ma mère : elle profite des événements pour nous lire de force des passages de la Bible.

Quinze jours avant les cadeaux, elle nous a coincés au dîner, ma sœur et moi, alors que nous ne pouvions pas nous défendre. Il est interdit de se lever avant le fin du repas et nous n'avons pas le droit de lire à table. Assise entre nous deux, sa grosse bible orange à la main, elle nous a fait la lecture à haute voix au milieu de la soupe et des épinards. Comme elle voyait bien que nous ne comprenions rien aux histoires de Béthléem-la-zone et de Hérode-le-dingue, elle nous a donné des explications. Puis elle nous a posé des questions, pour vérifier que nous avions bien écouté.

Elle a dû remarquer que nous n'étions pas vraiment intéressés. Ma sœur lui a dit qu'elle préférerait qu'on lui pose des questions sur les contes de Grimm.

Là, cette pauvre maman a perdu les pédales, et, comme tous les ans, elle a fini par crier et par nous traiter de tous les noms (crétins, surtout). Ce n'est pas qu'elle croie vraiment que le fils de Dieu est né dans une étable pourrie au milieu du désert il y a deux mille ans. Mais elle est persuadée qu'il faut connaître les histoires de la Bible. Elle nous fait le même cirque avec les Fables de La Fontaine et l'histoire des guerres mondiales.

Ma sœur me tape sur les nerfs, mais je dois reconnaître qu'à certains moments, j'apprécie qu'elle soit née. Si j'étais fils unique, je ne pourrais pas me défendre et j'aurais la tête comme une citrouille. Ensemble, nous sommes de taille pour résister aux lectures maternelles.

Noël donne également l'occasion à mon père de nous rappeler quelques bonnes vieilles vérités. Beaucoup de parents bassinent leurs enfants en leur expliquant que le Père Noël existe. Mon père à moi me bassine tous les ans en m'expliquant qu'il n'existe pas.

Cette année, il nous a tenu son petit discours alors que nous étions en voiture. Il était sûr que nous ne pourrions pas filer nous réfugier dans la chambre devant le magnétoscope.

– Quand je pense que ta copine Lisa croit toujours au Père Noël ! a-t-il lancé à ma sœur, comme par hasard.

– Eh ben alors, a dit ma sœur qui n'a pas la langue dans sa poche, ça te dérange ?

– Non, a répondu mon père, mais je m'inquiète pour elle. Elle va avoir huit ans. C'est quand même incroyable que les parents laissent leurs enfants croire à de telles sornettes. Et réponds-moi poliment quand je te parle.

– Oui, papa chéri, a dit cette fayotte avec son atroce voix sucrée.

– C'est comme ces légendes sur Jésus, Dieu et toute la compagnie... a repris papa en soupirant.

Il n'a pas pu continuer, parce que je venais de me jeter sur ma sœur pour récupérer le petit sachet de bonbons qu'elle tentait de me voler en fouillant dans la poche de mon blouson. Il a fallu qu'il se gare et qu'il s'occupe de nous séparer. Mais nous n'avons rien perdu. Je sais très bien ce qu'il allait nous dire : il allait régler son compte à Jésus, après avoir réglé celui du Père Noël.

Comme je le disais plus haut, mes parents, qui sont très unis sur certains problèmes, sont assez désunis sur cette question de Dieu. En général, je préfère quand ils ne sont pas d'accord. Au moins, ça sert à quelque chose d'avoir deux parents. Quand ils sont du même avis, il me semble que je n'ai qu'un seul parent, une sorte de géant à deux têtes, répétant sans cesse les mêmes choses par ses deux bouches.

3

La grande enquête divine a démarré par l'interrogatoire de mon père. Depuis le divorce, nous passons tous les mercredis chez lui. Le deuxième mercredi du mois de janvier, alors que le sapin brillait encore de tous ses feux et que quelques emballages cadeaux traînaient toujours dans l'appartement, je me suis lancé, profitant d'un moment où il était tout seul.

– Crois-tu que Dieu existe ? lui ai-je demandé.

Assis à la table de sa cuisine, les mains dans la terre, il rempotait tranquillement des espèces de papyrus à moitié crevés dans des pots tout neufs.

Je n'aurais pas dû lui poser la question aussi directement. Je le connais assez pour prévoir sa réaction. Il a levé les yeux sur moi et m'a regardé fixement, comme s'il découvrait un cafard en train de courir sur le sol de sa cuisine.

– C'est ta mère qui t'a fourré ça dans la tête ? m'a-t-il demandé en plissant le front.

– Non. J'y pense tout seul.

Mais j'ai bien vu qu'il ne me croyait pas.

– Dieu n'existe pas, a dit papa. C'est une invention des riches pour calmer les pauvres. Quand les pauvres croient en

Dieu, ils se fichent d'être misérables, sales et malheureux. Ils se disent que ça s'arrangera quand ils seront morts. Ils croient qu'ils iront au paradis. S'ils ne croyaient pas en Dieu, ils iraient voler dans les poches des riches. Voilà ce qu'ils feraient, et ils auraient raison !

Il a fourré rageusement le papyrus dans son pot. La pauvre plante s'est immédiatement effondrée sur sa tige, sa grosse touffe de feuilles jaunes balayant les miettes de terre éparpillées sur la table.

– Mais s'il existait une ville où ne vivent que des pauvres et pas un seul riche ? ai-je insisté. Dans cette ville, personne n'imaginerait Dieu ?

Papa n'aime pas tellement raisonner à partir des trucs qui n'existent pas vraiment, des villes peuplées de pauvres, le paradis, et autres rêvasseries. Il préfère les choses réelles. Alors il n'a pas répondu à ma question. Il a redressé du doigt la tête hirsute du papyrus et il m'a regardé avec un grand sourire :

– Allons, mon garçon, revenons sur terre et passons aux choses sérieuses. Si nous faisions maintenant ton travail pour lundi ? Va donc chercher ton cartable et installe-toi à la grande table dans la salle à manger. Mais débarrasse d'abord les restes du goûter, sinon tu risques de tacher tes affaires. Je vais m'asseoir à côté de toi et nous allons voir ça ensemble.

Quelquefois, je me dis qu'il ne faudrait JAMAIS adresser la parole à un adulte. Quel que soit le sujet.

Papa a lâché le papyrus, qui est retombé aussi sec la tête la première, et j'ai tenté de filer vers le fond de l'appartement pour me coller au magnétoscope. Peine perdue. Cinq minutes plus tard, j'étais vissé dans la salle à manger, le nez dans le Bled, à conjuguer dix fois à tous les temps de l'indicatif: *Je ne dois pas oublier mon matériel de dessin le jeudi.* Mon père prétend que j'apprends à l'école des choses qui me seront utiles pour toute la vie. Je me demande s'il est allé à l'école quand il était petit, lui. Il a dû oublier ce qu'on y faisait.

Le soir, sitôt revenu chez ma mère, j'ai à nouveau tenté ma chance. Nous avions fini de dîner, pour une fois nous n'étions pas en retard, et elle lisait son journal, vautrée dans son canapé en buvant du café. Quand je me suis assis à côté d'elle et que je lui ai demandé : « Je peux te poser une question compliquée ? » j'ai cru qu'elle allait m'embrasser. Elle raffole des questions auxquelles elle ne sait pas répondre.

– Dis-moi la vérité, maman, penses-tu que Dieu existe ?

Maman a levé la tête de son journal et m'a lancé un long coup d'œil soucieux.

– Eh bien... a-t-elle commencé en repliant son journal et en le déposant sur le bras du canapé, à côté de sa tasse de café.

Mais je savais déjà ce qu'elle allait me répondre : une sorte de ni oui-ni non. Son caractère est différent de celui de mon père, mais il est aussi facile à deviner.

Ma mère a une caractéristique : elle a beaucoup de mal à se décider. Elle demande ainsi :

– Les enfants, préférez-vous des œufs ou du jambon ?

Si nous voulons du jambon, elle continue :

– Avec des pommes de terre ou des haricots ?

Quand nous avons choisi les haricots, elle dit avec un air satisfait : « Très bien », et elle nous fait des chipolatas avec de la compote. Je ne comprends pas très bien ce qu'elle a dans la tête. Surtout que nous aimons les œufs ET le jambon, les pommes de terre ET les haricots. Et que nous détestons les chipolatas à la compote. Mais c'est ainsi, elle est incapable de décider une chose et de s'y arrêter. Elle hésite, pose des questions inutiles et finit par agir en dépit du bon sens.

– Dieu, dit-elle, je ne sais pas. D'ailleurs, personne ne peut savoir avec certitude s'il existe ou s'il n'existe pas. Dieu n'est pas scientifique. Certaines personnes sont persuadées qu'il existe. Moi, j'hésite. Je crois la plupart du temps qu'il n'y a pas de Dieu, mais je suis assez souvent tentée de croire dur comme fer que Dieu existe et qu'il pense à nous.

Elle a achevé son petit discours et m'a regardé d'un air ravi. J'étais bien avancé. Je me demande si je ne préfère pas les réponses de papa. Elles ne vont pas très loin, mais on sait à quoi s'en tenir. Elle a dû remarquer que je n'étais pas vraiment satisfait de sa réponse.

– Et toi? m'a-t-elle alors demandé. Crois-tu qu'il y a un Dieu?

Répondre à une question par une question: voilà sa grande ruse, celle qui lui permet de ne jamais se décider. Évidemment je ne lui ai pas répondu. Elle ne m'aura pas à ce petit jeu-là.

4

En ce début de janvier, j'ai souvent regardé le ciel. Je me suis obligé à penser qu'il était vide, rempli seulement de poussières d'étoiles filant vers l'infini dans un froid de glace.

Je connais bien ce scénario. Nous en avons beaucoup discuté avec mon ami Thomas quand nous habitions encore la même ville.

Thomas est mon principal ami. D'ailleurs, à part lui, je n'ai pas d'amis. Nous avons fait connaissance en maternelle. La maîtresse avait dit à nos parents que nous nous entendrions bien. Auparavant, nous étions seuls. Ensuite, nous avons été ensemble. Nous nous disputions beaucoup, mais nous étions contents de nous voir. Nous avons quelques points communs. Par exemple, nous sommes tous les deux affligés d'une petite sœur. Nous n'avons pas suffi à nos parents, il a fallu qu'ils nous installent une petite peste à demeure, au premier étage du lit superposé. Nous en avons beaucoup souffert.

À l'époque, nous avions un autre point commun : nous pratiquions tous les deux un petit défaut. Moi, je me grattais la joue à longueur de journée, ce qui entraînait de temps en temps une invasion de boutons sur toute la figure. Thomas, lui, secouait les mains devant son visage avec tellement de force qu'il en tremblait parfois de la tête aux pieds. Ces petits défauts passionnaient nos parents, qui passaient leur temps à nous pourchasser en répétant: «Enlève tes doigts de ta joue», ou «Arrête de secouer tes mains pendant cinq minutes». Avec le temps, nous avons renoncé à nos manies, mais nous sommes restés bons amis. Je garde quelques cicatrices à la joue, et les mains de Thomas s'emballent encore quelquefois toutes seules.

Thomas et moi nous intéressons aux mêmes choses, aux histoires fantastiques et terrifiantes, aux fantômes, aux monstres, mais aussi aux accidents terribles, aux événements horribles et aux criminels célèbres. «Taisez-vous, bande de dingues», nous disent souvent nos mères quand nous faisons la conversation à portée de leurs oreilles. Nous nous occupons aussi depuis des années de l'origine du monde, des dinosaures et de Dieu.

Lorsque nous étions chez les grands de maternelle, maman nous emmenait de temps en temps au cinéma dans sa petite voiture bleue pétaradante. Elle chantait à tue-tête en conduisant, tandis que nous discutions tous les deux à l'arrière.

– Dieu n'existe pas, disait Thomas en secouant ses cheveux noirs d'un air furieux. Mon père me l'a dit.

– Mais alors, disais-je, si Dieu n'existe pas, qui a créé le monde?

– La matière, répondait Thomas, la

matière a créé le monde. Elle a explosé au moment du big bang, et depuis elle ne cesse de grandir. Elle pousse dans l'Univers. Son mouvement crée des mondes, des soleils et des planètes.

– Mais alors, disais-je à Thomas, qui a fait le big bang, et pourquoi y a-t-il eu un big bang?

– Aucune importance, disait Thomas en agitant ses mains en cadence devant son visage. Personne n'a besoin de savoir pourquoi ceci, pourquoi cela.

– Ah ah, ricanais-je en me grattant férocement sous l'œil. Tu ne sais pas me répondre. Avoue: tu n'as pas réfléchi à cette simple question. Je vais te dire moi pourquoi ceci et cela: parce que Dieu.

– Crétin, disait Thomas.

– Gros plein de soupe!

– Sac d'os !

Il cessait d'agiter les bras devant son nez pour me les projeter sur la figure. Je retirais ma main de mon œil pour la lui enfoncer dans le ventre. Nous nous tapions dessus en roulant cul par-dessus tête sur le siège arrière de la voiture. Maman s'arrêtait de chanter, lâchait son volant d'une main, et envoyait des grands coups en balançant son bras au hasard à l'arrière.

– Cessez de chahuter, tas de demeurés, hurlait-elle, je vais finir par avoir un accident. Si je m'arrête, je vous flanque à tous les deux une trempe dont vous vous souviendrez toute votre vie. Vous allez voir ce que vous allez voir !

Évidemment, si elle lâche son volant à la première occasion, elle nous versera un de ces quatre dans le fossé. Et ce ne sera pas de ma faute, il ne faut pas exagérer.

Après le CP, Thomas a déménagé pour les Pyrénées. Il habite maintenant à une nuit de train de chez moi. Je le retrouve en vacances où nous passons tous les ans quelques jours ensemble. Depuis la maternelle, il a beaucoup maigri, et moi j'ai beaucoup grossi. Mais il pense toujours que Dieu n'existe pas.

– Pauvre gogo, me dit-il en me regardant d'un air navré quand je lui en parle.

Il s'intéresse plutôt en ce moment à l'histoire des châteaux forts.

– La chevalerie, me dit-il, c'est du pipeau. Des seigneurs féroces et de pauvres serfs ignorants, voilà la vérité des châteaux forts.

Ma mère pense que Thomas est très intelligent. Moi, je pense que je suis très intelligent. Il faut bien que quelqu'un le pense, sur cette terre.

5

Je dois avouer que j'étais assez déçu par les faibles réponses de mes parents. Il a fallu que j'attende la fin du mois pour parler avec quelqu'un de bien informé.

Enfin, le dernier week-end de janvier, nous avons pris le train pour aller à Lille rendre visite à mes grands-parents. Pour la première fois de ma vie, j'ai eu peur d'être en retard et de louper le train. Je courais dans les couloirs de la gare devant ma mère et ma sœur, nos billets à la main, en répétant à ces deux escargots : « Vite, on va manquer le train, vite, on va le manquer, vite ». Nous sommes arrivés dans notre wagon avec une demi-heure d'avance, complètement essoufflés. Épuisée par la course, ma mère était d'une humeur de gorille.

– Tu aurais dû te dépêcher un peu, me dit-elle avec un mauvais sourire. Nous aurions pu attraper le train précédent.

Je suis resté sourd à ses sarcasmes. Je ne pensais qu'à une chose, discuter avec ma grand-mère.

Car s'il existe dans mon entourage une personne avec qui je peux échanger mes points de vue sur Dieu, c'est ma grand-mère. Elle connaît Dieu depuis qu'elle est toute petite. On la voit même en photo, petite fille, couronnée de roses blanches, qui jette des pétales de fleurs au cours d'une sorte de défilé en l'honneur de Dieu. Il s'agit là d'un épisode de son enfance, autant dire qu'elle a eu le temps de réfléchir au problème.

– Bien sûr que Dieu existe, m'a-t-elle dit quand je lui ai posé la fameuse question. Et je regrette que ta mère ait perdu la foi.

– Ma mère a perdu son foie ?

Je me suis un peu affolé, je ne savais pas que Dieu avait un pouvoir spécial sur le foie des gens. Ma grand-mère m'a regardé en levant le sourcil.

– Tu ne sais pas ce qu'est la foi ? m'a-t-elle demandé, et j'ai eu très peur qu'elle me conseille d'apprendre le vocabulaire et d'être attentif en classe, enfin vous voyez ce que je veux dire. Mais pas du tout, fausse alerte. Elle a secoué la tête d'un air désolé.

– Évidemment, tu ne peux pas savoir, personne ne vous apprend plus ces choses-là.

Enfin un truc que personne ne veut m'apprendre ! J'aurais autant aimé rester dans l'ignorance, mais elle a décidé de réparer cet oubli.

– La foi, c'est l'acte de croire en Dieu, même si on n'a pas de preuve spéciale, m'a-t-elle expliqué.

– Alors il n'existe pas de preuves ? (J'étais un peu déçu). Même pas la création du monde ?

– Non, mon petit, il n'existe pas de preuve. La science a apporté des réponses à la plupart des questions que nous nous posions, comme « Comment le monde a-t-il été créé ? » Pour ce qui concerne Dieu, chacun choisit de croire ou de ne pas croire. Ceux qui croient ont la foi. Moi, je pense que la foi est un cadeau de Dieu, un don qu'il t'envoie pour te rendre la vie plus belle. Car ceux qui croient en Dieu sont plus heureux que ceux qui n'y croient pas. Ils ont l'espérance.

À la façon dont elle me regardait, avec des yeux pleins d'orages et de sévérité, j'ai eu du mal à croire qu'elle était plus heureuse que mon père qui n'a pas de foi. N'empêche, dans cette histoire, nous étions alliés. Elle savait un tas de choses sur Dieu que je n'étais pas censé avoir apprises à l'école. Et elle était d'accord pour en discuter avec moi.

Elle avait été la seule à me dire quelque chose d'intelligent quand mon arrière-grand-père est mort, le père de mon grand-père, vous me suivez? Il était très vieux, et il avait perdu la tête, enfin je veux dire la mémoire. Il était la première personne que je connaissais à avoir fait le grand saut, comme dit ma mère. Par grand saut, elle veut dire le passage de la vie à la mort, et pas une sorte de saut à l'élastique en fauteuil roulant. Les enfants n'avaient pas été invités à l'enterrement. Nous sommes toujours exclus quand il se passe quelque chose d'intéressant. Après cette mort tragique et familiale, j'avais déjà tenté de discuter.

– Eh bien, avait dit mon père dont ce n'est pas la famille, il est enterré, voilà tout, c'est bien triste, ne revenons pas là-dessus.

– Vois-tu, avait dit ma mère en regardant profondément le parquet, c'est très compliqué.

Et elle était repartie à me parler des religions des Indiens, des morts qui renaissent sans arrêt, de Shiva et de Vichnou, bref de mythologies bizarres. Le tout pour me dire au bout du compte qu'elle n'en croyait pas un mot. La bouillie habituelle.

Ma grand-mère au moins n'a pas peur de ses opinions.

– Il est parti au ciel, m'avait-elle dit, retrouver tous ceux qui l'ont aimé et se réchauffer à la chaleur du Bon Dieu.

– Tu en es sûre ? lui avais-je demandé.

Elle m'avait regardé comme si je venais de dire un gros mot.

– J'en suis absolument certaine, avait-elle répliqué d'un ton définitif.

Je n'avais pas osé poser d'autres questions. J'étais sûr qu'elle était sûre. Il n'y avait pas à discuter.

Mettez-vous à ma place, j'ai préféré croire ma grand-mère. Je ne sais pas si j'ai foi en Dieu, mais j'ai foi en ma grand-mère, ce qui est déjà un début.

6

Voyant que je m'intéressais, ma grand-mère m'a appris un peu de religion pratique. Elle m'a emmené dans le salon et m'a montré les gestes, sous le portrait de Jésus étalé sur sa croix. Nous nous sommes d'abord entraînés au signe de croix: on se tape sur le front, sur le nombril et sur les épaules. Le tout à la suite dessine une croix, c'est un salut spécial pour les questions divines.

Nous sommes ensuite passés à la prière. Il s'agit de se mettre à genoux, si possible, et de parler à Dieu dans sa tête. Ma grand-mère m'a dit que lorsqu'on prie, Dieu est toujours présent. Je me demande s'il est présent aussi quand on ne prie pas, quand on se fourre les doigts dans le nez ou qu'on médite un mauvais coup. J'aimerais autant qu'il ait affaire ailleurs.

Par la prière, on peut lui demander des faveurs et des coups de main, mais il faut aussi savoir remercier. Pour cela, il existe un certain nombre de prières toutes faites qui lui font plaisir, à lui et aux autres, comme Jésus ou la Sainte Vierge Marie.

Ce week-end-là, ma grand-mère m'a dit les paroles et je les ai même copiées, car j'avais du mal à m'en souvenir. On peut utiliser une récitation assez compliquée : « Notre Père qui êtes aux cieux, que votre nom soit sanctifié, que votre volonté soit faite... » et ainsi de suite.

J'étais très content d'avoir appris tant de choses utiles en deux jours. Ma grand-mère avait l'air aussi contente que moi, ce qui me faisait plaisir. Bref, nous étions tous les deux enchantés.

Sitôt de retour chez ma mère, me voilà donc à prier, le soir, dans ma chambre. Je ne m'y serais pas risqué chez mon père. Quelque chose me dit que la prière aurait rapidement tourné au travail de classe en retard. Mieux vaut ne pas provoquer inutilement l'attention paternelle.

Ma mère a été très surprise de me voir les mains jointes, la tête baissée et à genoux, sur ma carpette ou sur le tapis de la salle de bains, tout dépendait de l'heure et de mes activités. Comme c'est une femme qui aime qu'on l'étonne, elle n'a fait aucun commentaire, mais elle en a parlé à tous ses amis. Je n'ai pas compris pourquoi cette histoire de prière l'excitait tellement, elle qui n'a pas la foi.

À mes débuts, j'ai beaucoup remercié Dieu : d'être en vie, d'être bon en natation et en dessin, et d'avoir des parents séparés. J'ai ensuite réclamé de petites choses, genre une meilleure note en dictée, quelques mauvais résultats pour ma sœur afin de rabattre son caquet, un tyrannosaure pour mon anniversaire. Certaines prières ont été suivies d'effet (le tyrannosaure), et d'autres non (ma sœur). On ne peut pas gagner à tous les coups. J'étais toutefois assez content d'être en affaires avec Dieu, directement.

La prière a rapidement pris une grande place dans ma vie. J'espérais que l'aide de Dieu améliorerait mon quotidien. J'étais presque persuadé d'avoir trouvé le bon filon. Je priais le matin pour que la rédaction finie hier soir sur le coup de dix heures au milieu d'un déluge de hurlements maternels soit moins sale et moins raturée que dans mon souvenir. Je priais le midi pour que le prof de dessin qui n'a rien trouvé de mieux à nous faire faire que de dessiner une recette de cuisine – avec tous ses ingrédients! – se casse la jambe et soit remplacé par une jeune étudiante aux grands yeux et au petit nez. Je priais le soir pour que ma maîtresse interroge mon voisin plutôt que moi sur cette histoire de fractions à laquelle je n'ai toujours rien compris.

Ma mère a fini par regarder d'un drôle d'œil mes salamalecs avec Dieu.

– Tu ferais mieux de travailler au lieu de négocier sans arrêt avec un type dont personne n'est vraiment sûr qu'il existe !

Après quelques semaines de dialogue divin, j'ai commencé moi aussi à me poser des questions. Pour être franc, si j'étais devenu copain avec Dieu, rien n'avait changé ni avec ma maîtresse, ni avec mes parents, ni avec mes résultats scolaires. Mon premier bulletin du trimestre portait des remarques vexantes sur ma constante étourderie et mon refus de certaines règles. Les règles des fractions sans doute.

7

J'étais découragé du ciel quand ma mère a décidé de nous renvoyer à Lille pour les vacances de février. Comme elle travaille beaucoup, elle ne peut pas nous garder toute la journée. Elle nous confie donc à ses parents et nous voyons du pays.

Nous avons repris le train, et moi j'ai repris espoir. «Je vais demander à grand-père, me suis-je dit. C'est ma dernière chance». À peine débarqué du train, je me suis rendu compte que grand-père attendait que je lui parle. Je suppose que ma grand-mère qui est une terrible bavarde lui avait tout raconté. Il semblait un peu vexé que je ne lui aie pas posé de questions plus tôt, avant de m'adresser à sa femme ou à sa fille.

– Alors, on ne fait plus confiance à son grand-père ? m'a-t-il lancé dans la voiture en revenant de la gare.

– Mais si, ai-je répondu. Pourquoi tu dis ça ?

– Parce que tu préfères poser des questions à ta grand-mère ou pire à ta mère plutôt que de t'adresser à moi. J'ai pourtant pas mal de choses à dire à ceux qui m'interrogent... Je suis allé à l'école religieuse toute mon enfance, moi.

– D'accord, grand-père, je t'interrogerai, ai-je dit.

– Quand tu veux, mon garçon, a-t-il répondu en freinant pour se garer devant la maison.

Nous sommes sortis de la voiture dans un tourbillon de vent glacé et de débris de neige. Le sol était gelé et, sur les voitures à l'arrêt, l'hiver avait déposé une couverture de givre. Ma grand-mère nous attendait. Elle a ouvert la porte avant même que j'aie appuyé sur la sonnette. Nous nous sommes jetés dans ses bras. Au salon, un grand feu chantonnait dans la cheminée. La table était mise à la cuisine. J'ai chipé un morceau de saucisson. J'étais très heureux d'être arrivé.

La conversation avec mon grand-père a repris dès le lendemain matin. Ma grand-mère était partie à la messe régler ses affaires divines, nous laissant tous les deux tout seuls dans la maison. Nous avons aussitôt filé au grenier.

Mon grand-père et moi partageons un secret soigneusement gardé, mais dont beaucoup de gens commencent à avoir entendu parler. Il s'agit d'un trésor que nous avons caché dans le grenier. L'idée est venue de grand-père. En rangeant ses affaires (il a tellement d'objets que sa maison ressemble parfois à une boutique de vieux soldes), il a découvert un ancien coffre de bois sur lequel sont gravées des figures effrayantes, griffons et monstres divers. Nous avons monté ce coffre dans le grenier et nous y avons caché nombre d'objets merveilleux que je ne décrirai pas ici pour préserver notre secret. Au milieu du fatras, nous avons déposé des messages mystérieux qui devraient intéresser les hommes courageux qui viendront après nous. Enfin, nous avons lié le tout par une chaîne que nous avons bouclée avec un cadenas. Grand-père conserve la clé du cadenas dans sa chambre, dans une cachette connue de lui seul.

Chaque fois que je viens passer le dimanche dans la maison, nous profitons tous les deux d'un moment de calme pour aller vérifier et compléter notre trésor. Il me semble que ce grenier est magique. J'aime la magie pour les pouvoirs qu'elle confère, et que j'adorerais posséder.

Je rêve parfois que je possède des mitraillettes extrêmement puissantes qui me sauvent en toutes circonstances. Il m'arrive aussi de m'imaginer que je suis un sorcier qui dirige le monde à sa guise.

– C'est un échec, lui ai-je confié, quand grand-père m'a demandé des nouvelles de ma religion et de mon bulletin.

– Qu'est-ce qui est un échec ? m'a-t-il demandé.

Nous étions tous les deux assis par terre, les fesses dans la poussière, éclairés par les rayons froids du soleil qui se glissaient par les fenêtres étroites.

– Tout est un échec, ai-je répondu, Dieu ne m'aide pas du tout et mes résultats à l'école sont épouvantables. Je comptais sur lui mais il ne fait rien pour moi. Autant souffler dans un violon.

Mon grand-père a frotté ses mains

l'une contre l'autre, de toutes ses forces, pour se réchauffer.

– Tu t'y prends mal, mon garçon, a-t-il remarqué. Dieu ne te donnera un coup de main qu'à condition que tu montres un peu de bonne volonté. Travaille un bon coup. Quand il verra que tu y mets du tien, il inspirera à ta maîtresse le désir de te donner de bonnes notes.

Il s'est gratté la moustache d'un doigt, comme si la lèvre supérieure le démangeait.

– En tout cas, il n'empêchera pas que l'on te félicite, sois-en certain, a-t-il ajouté.

Travailler, toujours travailler... Prier Dieu ne me servirait jamais à rien: j'aurais dû m'en douter plus tôt. Je me suis senti découragé. Mais pas vaincu.

– Et si je passais par Jésus ou la Sainte Vierge Marie ? J'aurais peut-être plus de chances ?

Là, grand-père a été surpris. Il a eu une grimace pleine de doutes.

– Mauvaise idée. Marie, Jésus, Dieu, le Saint-Esprit : tout ça c'est bonnet blanc et blanc bonnet. Ils sont encore bien plus soudés que tes parents. Ils n'ont même pas besoin de se téléphoner pour rapporter. Il suffit que tu causes à l'un pour que les trois autres le sachent immédiatement, par miracle.

La religion a brusquement déserté mon âme, et j'ai pensé à la solitude des espaces infinis.

– Dis-moi, grand-père, Dieu n'existe pas, n'est-ce pas ? Nous sommes absolument perdus dans un univers vide de sens, non ?

– Minute papillon, a dit grand-père en se levant dans un tourbillon de poussière blanche, tu vas trop vite pour penser juste. Allons discuter devant un chocolat chaud. J'ai la goutte au nez. Le froid de ce grenier n'a rien à envier à celui des ténèbres intersidérales. Nous réfléchirons plus à l'aise dans un monde climatisé.

Il a essuyé la goutte qu'il avait effectivement au nez. Il s'est mouché dans un mouchoir grand comme un drap. Et nous sommes descendus à la cuisine en silence.

8

Grand-père nous a préparé deux bols de chocolat chaud, avec du lait frais et une vraie tablette de chocolat. «Je ne mange jamais de sucre, a-t-il grommelé. Mais pour cette fois je vais faire une petite exception.» Il a posé les bols sur la table et a ouvert un sachet de gâteaux à la canelle.

– Ne te décourage pas, a-t-il repris en s'asseyant en face de moi, nous n'avons pas fait le tour de toutes les ressources du ciel. Si je me souviens bien, il y a un monde fou là-haut. On devrait pouvoir te trouver quelqu'un d'efficace parmi tous les saints qui peuplent le paradis.

– D'autres prières à faire ?

J'étais consterné. S'il fallait causer à tous ces gens, j'allais y passer ma vie.

– Ma grand-mère, poursuivit mon grand-père sans m'écouter, priait sainte Rita, dont tu pourras voir la statue au fond de l'église, place Saint-Pierre, là où se tient le marché. Je ne me souviens pas qu'elle ait jamais eu de résultats précis. Mais enfin, la famille est assez liée à cette sainte personne.

La grand-mère de mon grand-père... Imaginez le temps passé pour se transmettre l'adresse de sainte Rita. Qu'elle soit aussi vieille m'a donné confiance.

– Pourquoi sainte Rita? ai-je demandé.

– C'est la patronne des cas désespérés, a répondu grand-père. Elle intervient dans les situations vraiment graves.

Je ne suis pas snob, mais je me suis vexé. Je ne suis certainement pas le meilleur de ma classe. Mais de là à me classer parmi les cas désespérés, il y a une marge.

– Tu trouves que je suis vraiment grave? ai-je demandé.

Grand-père a rigolé. C'est bizarre cette manie qu'il a de passer les doigts sur sa moustache à tout bout de champ.

– Oh non! m'a-t-il dit, ce n'est pas ce que je voulais dire.

– Mais alors, ai-je dit, elle ne voudra jamais s'occuper de moi!

– Tu as raison, a approuvé grand-père. Elle a suffisamment de boulot avec les malades, les idiots, les familles nombreuses et les chômeurs roumains. Il vaudrait mieux s'adresser à saint Joseph de Cupertino.

Un moment, j'ai cru que j'étais sauvé. Jusqu'à ce que grand-père me raconte l'histoire de saint Joseph de Cupertino. Je vous en donne un rapide résumé.

Saint Joseph de Cupertino était moine et vivait au Moyen Âge, ou à peu près, dans un couvent. Il voulait devenir prêtre, pour avoir le droit de dire la messe et de fricoter directement avec Dieu. Hélas, il était complètement nul. Nul en histoire religieuse, nul en latin d'église, nul en calcul, nul en tout, archinul. Or, au Moyen Âge, où les gens n'étaient pas des imbéciles, pour devenir prêtre, il fallait passer des examens à Rome. Voilà Joseph qui travaille comme un bœuf, qui s'efforce d'apprendre, qui s'excite sur le travail. En pure perte. Toujours aussi nul. Résultat : les autres moines du couvent lui interdisent d'aller à Rome passer les examens. Inutile de dépenser l'argent du voyage pour un âne de son espèce : voilà ce qu'ils ont pensé à mon avis.

Mais Dieu, qui a du cœur, en voyant tous ces efforts dépensés pour sa gloire, a décidé d'aider Joseph. Il a opéré un miracle. Par sa grâce, Joseph s'est envolé vers Rome (comme un oiseau), où il a réussi tous les examens. Dieu l'a ensuite renvoyé, toujours en volant, dans son couvent. À son retour, il est redevenu illico aussi bête qu'auparavant. Mais il était prêtre et bien prêtre. Pas question de revenir là-dessus. L'histoire dit qu'il a volé à l'envers. Ne me demandez pas pourquoi.

– Et voilà comment, a terminé grand-père, saint Joseph de Cupertino est à la fois le patron des cancres et des aviateurs.

– Mais je ne veux pas devenir aviateur, ai-je protesté.

– Dans ce cas, a remarqué grand-père, laissons tomber.

– Et tu sais, ai-je ajouté, je ne suis pas un cancre. Je veux dire que je ne suis pas un imbécile. Je suis intelligent, mais je n'arrive pas à m'en sortir avec l'école. C'est très différent. Je ne vais pas déranger ce saint pour rien.

Cette discussion humiliante s'est achevée sur ces mots. Ma grand-mère est revenue de la messe en fredonnant des chants d'église. Nous avons préparé ensemble le déjeuner. Et j'ai cessé de parler du ciel avec mes grands-parents.

9

Cette discussion a marqué la fin de mes prières. J'ai arrêté du jour au lendemain les monologues avec Dieu. Pour m'éviter les moqueries et autres réactions désobligeantes, je n'ai parlé de ma déception à personne. Ma mère est la seule qui a pu remarquer mon changement. Elle ne risquait plus de me rencontrer à genoux dans un coin de l'appartement, les mains jointes et les yeux clos. Je pense qu'elle en a été soulagée, mais elle s'est bien gardée de me faire des remarques. Elle a sans doute eu peur que je m'y remette, par orgueil blessé.

J'ai craint un moment que Dieu ne se vexe et ne se venge. Mais non. De ce côté-là, il n'y a eu qu'un grand silence, ce qui ne changeait d'ailleurs pas beaucoup. Ma vie n'a donc pas connu de grand bouleversement. Simplement, je ne me suis plus occupé de lui.

Cette affaire a pourtant eu des suites assez inattendues. C'est par l'école, et par une rédaction, que tout est arrivé, un peu avant la fin du trimestre. Ma maîtresse, qui se nomme madame Ablette (je le dis une fois pour toutes), a la manie de nous commander des rédactions. Elle nous demande d'imaginer une situation et de la décrire avec soin, ce qui représente un travail assez long. Heureusement, les rédactions sont à faire à la maison, ce qui me laisse le temps d'écrire. Pour moi qui n'arrive à rien dans la précipitation (je n'ai jamais pu terminer un contrôle), le travail à la maison est une bonne chose. Il est seulement dommage qu'il s'agisse de travail.

Le sujet de la rédaction était le suivant : *Un extraterrestre entre dans ta chambre et te fait des révélations. Raconte.* Je n'ai pas repensé tout de suite à Dieu, je l'avoue. J'ai d'abord voulu parler d'ET, mais Steven Spielberg nous a déjà fait le coup. J'ai alors imaginé un extraterrestre au corps liquide et gluant, une sorte de monstre informe et insaisissable. J'aimais beaucoup ma créature, mais j'avais énormément de mal à décrire un truc dont la caractéristique était précisément d'être indescriptible. Quand j'ai relu mon début, et que j'ai vu cinq fois de suite le mot gluant, trois fois le mot dégoûtant, et des milliers de fois le mot répugnant, j'ai laissé tomber. Trop dur à décrire.

J'en étais à chercher quelle allure je pourrais donner à l'extraterrestre quand la bonne idée m'est tombée dessus : je n'avais qu'à parler d'un ange qui viendrait me donner la révélation de Dieu. Après tout, les anges sont des sortes d'extraterrestres un peu anciens, n'est-ce pas ?

J'ai donc décrit l'arrivée d'un ange. Il se casse la figure par la fenêtre de ma chambre et se retrouve sur la moquette, sens dessus dessous, empêtré dans ses ailes. Je l'ai imaginé assez vivant pour que personne ne s'ennuie à lire ma rédaction.

– Pétard ! dit l'ange. Qu'est-ce que c'est que ces fenêtres qui s'ouvrent par le milieu ?

Voilà le genre de détail que j'adore. Voilà le genre de détail qui exaspère madame Ablette : elle barre toujours les mots comme pétard, mec, ou dégommer. Elle préfère milledieu, homme, ou assassiner.

Ensuite, la rédaction raconte ma discussion avec l'ange. Je lui répète tout ce que ma famille pense de Dieu. L'ange se gratte la tête et me dit à la fin que c'est ma grand-mère qui a raison.

Autant dire que cette rédaction était longue et précise. Je n'insiste pas sur l'orthographe, qui n'était pas terrible. Mais dans l'ensemble, j'avais beaucoup travaillé. J'ai lu le début à ma mère avec une certaine fierté. Mais j'avais à peine prononcé le mot Dieu qu'elle m'a regardé d'un sale œil en disant :

– Voilà que ça recommence !

J'ai donc interrompu la lecture maternelle, et j'ai rendu directement ma rédaction à madame Ablette. J'ai eu raison.

Pour une fois, madame Ablette a eu l'air contente de mon travail. Au lieu de me mettre une note vexante, comme un 2 ou un 3,5, elle m'a donné deux notes : 9,5 sur 10 pour la rédaction, et 0 pour l'orthographe.

– Laissons l'orthographe de côté, a-t-elle dit.

Et elle a ajouté devant toute la classe :

– Je te félicite pour ton sens de l'observation et pour le soin que tu as mis à nous expliquer la question de Dieu.

La classe a observé un petit moment de silence en mon honneur, et certaines filles particulièrement m'ont lancé un long regard tendre. Madame Ablette a poursuivi mon éloge.

– Je demande à Henri de préparer pour la classe un petit exposé sur la question de Dieu. J'aimerais que tu réfléchisses un peu pour étendre tes recherches.

– Qu'est-ce que c'est un exposé ? ai-je demandé, en tremblant malgré mon succès.

– Un exposé est une petite leçon que tu viens faire à la classe, en prenant ma place, à ce bureau.

C'était la première fois qu'elle demandait un exposé à un élève. Je me suis senti à la fois ravi et terrifié.

Ce soir-là, je suis sorti de l'école la tête haute sous la pluie battante.

– Tout va bien, mon chéri ? m'a demandé ma mère.

– Oui, si on veut, ai-je répondu comme si de rien n'était.

10

Je n'ai pas tardé à regretter ma gloire. Comment faire une leçon sur Dieu, alors qu'il n'avait jamais pris la peine de me dire quoi que ce soit ? Pas question de demander de l'aide à mes traîtres de parents. Ils auraient été trop contents de venir fourrer leur nez dans mes affaires, selon leur vieille habitude. Pour une fois que je m'en sortais sans eux, j'avais bien l'intention d'aller jusqu'au bout.

J'ai donc énormément réfléchi, seul, en jouant avec mon nouveau serpent en caoutchouc de deux mètres et ma petite souris grise à cinq francs. Mais, comme saint Joseph de Cupertino, je ne trouvais rien à dire, je me sentais bête. Je n'allais quand même pas déballer à la classe les histoires de mon père et de ma mère qui sont séparés, et de ma grand-mère qui va à la messe, et pourquoi pas de mon copain Thomas à la maternelle...

Après l'école, il m'arrivait de m'asseoir à ma table devant une feuille blanche en haut de laquelle j'avais écrit le mot *Dieu*. J'espérais qu'une idée me viendrait. Un soir que j'attendais une nouvelle illumination, penché sur mon bureau, le crayon à la main, mon oncle Alfred est entré dans ma chambre.

Alfred est le frère de ma mère. Il ne

lui ressemble pas du tout. Il est blond et elle est brune. Il est surtout beaucoup plus têtu qu'elle et il sait prendre des décisions. Le seul problème est qu'il adore les décisions farfelues.

Il se montre certains jours d'une humeur charmante, et d'autres jours d'une humeur massacrante. Dans le premier cas, il est délicieux et nous baptise «mon amour» ou «mon petit ange». Dans le second cas, il nous adresse à peine la parole et nous surnomme «saleté» ou «ignoble limace».

Alfred est souvent fourré chez nous, parce qu'il habite à deux pas, parce qu'il aime manger ailleurs que chez lui et parce qu'il passe des heures à discuter avec ma mère. Je me demande quel intérêt il peut trouver à sa conversation.

Je vais vous donner un exemple des fantaisies scandaleuses qu'Alfred est capable d'inventer. Il est passé chez nous, avant-hier, au bord du soir.

Il sonne, maman lui ouvre. Avant même de lui dire bonsoir, il lance à tue-tête sur le palier, les mains en porte-voix devant sa bouche :

– Je n'entre pas, il y a trop de désordre dans cette sale baraque.

Complètement affolée, ma mère se jette sur lui en chuchotant :

– Arrête, arrête, tu vas énerver les voisins.

– Je me moque des voisins, hurle Alfred dans l'escalier en tournoyant sur lui-même.

Ma sœur et moi accourons pour lui sauter au cou et l'embrasser.

– Salut, vermine, nous crie-t-il, au nez de ma mère complètement effondrée. Toujours aussi crasseux à ce que je constate ! Que tout le monde enfile son manteau, je vous invite au restaurant chinois.

– Mais enfin, Alfred, souffle maman, ce n'est pas raisonnable. Il est bientôt huit heures, les enfants vont se coucher trop tard !

– Comment ça trop tard ?! barrit Alfred en agitant les bras tandis que ma sœur et moi sautons autour de lui, complètement déchaînés. Tous les trois, nous faisons un bruit épouvantable dans l'immeuble. Nous tapons du pied, Alfred rugit, et nous rions à en perdre le souffle.

– Avec moi les enfants ! dit alors

Alfred, et nous nous mettons à bramer tous les trois en chœur: «Au restaurant! Au restaurant! Au restaurant!» Les voisins commencent à entrebâiller leurs portes avec des regards mauvais.

Maman n'a pas d'autre solution que d'attraper nos manteaux à la volée et de claquer derrière elle la porte de l'appartement. Elle prend Alfred par le bras et lui glisse à l'oreille:

– D'accord, Alfred, d'accord, tu as gagné, on y va. Mais pour l'amour du ciel, tais-toi maintenant. Les voisins vont me faire des histoires.

– Eh bien, voilà! Les enfants, nous dit Alfred en retrouvant sa voix normale, ce n'est pas plus difficile que ça. Convaincre votre mère est un jeu d'enfants.

Alfred aime beaucoup les enfants, au moins autant que les blagues. C'est peut-être parce qu'il n'a pas d'enfant à lui. Il n'a pas eu le temps de s'habituer et de se lasser. Il nous offre souvent de petits cadeaux gratuits, sans anniversaire ni Noël.

– Tiens, dit-il en nous mettant dans la poche un petit paquet emballé, c'est la fête des nouilles aujourd'hui. J'ai pensé à toi.

Nous adorons Alfred.

Ce soir-là, il était donc venu dîner avec maman. Elle préparait une salade dans sa cuisine quand il est passé dans ma chambre me dire un petit bonsoir.

– Bonsoir fainéant, m'a-t-il dit. Qu'est-ce que tu fais de beau ?

– Je regarde l'ombre de ma main sur

la feuille, lui ai-je dit. (Et c'était vrai.) Regarde, on dirait l'ombre d'un rat.

Alfred s'est penché sur la feuille.

– Effectivement, a-t-il constaté. Mais dis-moi, qu'est-ce que c'est que ce mot sur ta copie, là, en haut, à droite ?

– Dieu, ai-je répondu. Tu ne sais plus lire ?

– Dieu ? a dit Alfred. Pourquoi Dieu ?

C'est alors que j'ai tout raconté à Alfred, mon souci de Dieu, les prières, la rédaction, et cet exposé impossible.

– Jure que tu ne diras rien à maman, lui ai-je fait promettre.

– Juré, craché par terre, a dit Alfred.

– Eh ! ne crache pas ! ai-je dit à Alfred.

Avec lui, il faut toujours se méfier. Il n'a pas le sens des réalités.

– Veux-tu que je t'aide? m'a-t-il proposé.

– Certainement je veux, ai-je dit.

11

Et voilà comment Alfred m'a emmené à la bibliothèque tout un après-midi, et comment j'ai appris énormément de choses en farfouillant dans des bouquins. Car cette histoire de Dieu est beaucoup plus compliquée que ce que l'on pourrait croire.

– Dieu, Dieu... m'a demandé Alfred sur le chemin de la bibliothèque, quel Dieu d'abord?

– Ah bon, parce qu'il y en a plusieurs?

– Eh oui, tout dépend de l'histoire de la famille dans laquelle tu es né. Toi, tu es né dans une famille de chrétiens catholiques. Mais tu serais né dans une famille de chrétiens protestants, de juifs, de musulmans, ou même d'hindous, les choses seraient un peu différentes. Dieu n'aurait pas tout à fait la même tête. Il ne te demanderait pas tout à fait les mêmes choses. Tu ne lui parlerais pas avec les mêmes mots. Et il ne te ferait pas les mêmes promesses.

– Tous les Dieux sont différents ?

Je commençais à paniquer. Cet exposé prenait une ampleur que je n'avais pas prévue.

– Pas vraiment différents, m'a rassuré Alfred, mais pas tout à fait ressemblants. Je crois qu'il faut que tu touches un mot de ces petites différences à tes camarades. D'autant que je suis sûr que dans ta classe, il y a toutes sortes de familles, donc toutes sortes de façons de parler de Dieu. Si tu veux intéresser tout le monde, penses-y !

Sitôt arrivés à la bibliothèque, nous avons élu une table au milieu de la grande salle, nous y avons déposé nos crayons et nos cahiers. Puis nous sommes partis en chasse des différents visages de Dieu.

La bibliothèque est un endroit formidable pour les paresseux. La seule chose qu'on leur demande est de chercher les livres intéressants. Une fois qu'on a trouvé, on copie. Vous avez bien lu : *on copie*. Fantastique. Inutile de tout pomper, il suffit de bien lire et de choisir les passages utiles. Je n'appelle pas ça du travail.

Quoique... Avant de copier bêtement, nous avons réfléchi pour mettre un peu d'ordre dans la pagaille. Car il existe une foule de religions. Et si elles ont quelques ressemblances (tout le monde célèbre les naissances, les mariages et les morts), elles ont surtout énormément de différences. Pour faire l'exposé, il fallait choisir ce dont nous allions parler. Alfred m'a conseillé de parler de trois sortes de religions : celles qui viennent de la Bible, celles qui viennent de l'Orient, et celles qui viennent de l'Afrique.

D'un commun accord, nous avons renoncé aux religions disparues (Grecs, Latins, Germains, Aztèques) et à celles qui avaient peu de chances d'être représentées dans la classe (Indiens d'Amérique du Nord et Indiens d'Amazonie, Esquimaux, Aborigènes, Papous...).

La première partie m'a beaucoup fatigué. C'est incroyable ce que les gens sont capables de fabriquer avec une seule Bible ! Juifs, chrétiens, musulmans ont beau prier à peu près le même Dieu et obéir aux mêmes lois gravées dans la pierre de Moïse, ils ne sont pas fichus d'avoir les mêmes fêtes, ni les mêmes héros, ni les mêmes façons de faire. Là où les juifs se sont limités à Dieu et à quelques grands types comme Moïse, il a fallu que les chrétiens chamboulent tout avec Jésus, puis les musulmans avec Mahomet. Ça n'a d'ailleurs pas suffi puisque les chrétiens se sont ensuite séparés en catholiques et protestants, et les musulmans en sunnites et shites. Et encore, je simplifie ! Tous ces religieux, qui partagent le même commandement : « Tu ne tueras point », ont passé leur temps à se dégommer les uns les autres. Pour être juste, il faut dire que ce sont surtout les juifs qui ont dérouillé. Du moment qu'on les laisse tranquilles, ils s'en fichent que tout le monde ne partage pas leurs idées. Alors que les chrétiens et les musulmans adorent que tout le monde pense comme eux. Et ils sont prêts à le prouver les armes à la main.

Pour mon exposé, j'ai expliqué les ressemblances venues de la Bible, l'histoire de la création du monde, le pacte avec Dieu et les dix commandements :

ne pas tuer, ne pas voler, ne pas chiper la femme de son voisin (rigolo, non ?) etc.)

J'ai ensuite voulu expliquer les différences, et là, c'est devenu terrible. J'ai eu un moment de panique. Il y avait tellement de choses à écrire ! J'ai pensé que je n'y arriverais jamais. Mais Alfred m'a rassuré :

– Tu ne pourras jamais tout dire, mon pauvre coco. Tu es obligé de choisir des exemples. L'important c'est de montrer qu'il y a des différences. Vas-y, je te conseille.

Nous avons donc dessiné un tableau. J'ai prévu une colonne pour chaque religion et j'ai rempli : les gens les plus célèbres (Moïse, Jésus, Mahomet), les chefs religieux (prêtre, pasteur, rabbin, ouléma), les endroits où on célèbre les cultes (mosquée, synagogue, église, temple), les grandes fêtes (Noël, Pâques, Hanoukka, Pessah, Aïd el-Fitr, Aïd el-Kebir), et autres détails.

– Très joli tableau, a remarqué Alfred alors que je terminais de remplir les cases, simple mais joli.

– Je crois que beaucoup d'élèves pourront s'y retrouver, ai-je dit en traçant le dernier trait, au bas du tableau.

Nous nous sommes ensuite attaqués aux religions de l'Orient, et surtout au bouddhisme. Il y a des tonnes de dieux formidables en Asie, comme les dieux hindous qui ont des figures humaines, Vichnou ou Shiva, ou des figures animales, Ganesh ou Haruman. Mais le plus intéressant, c'est le bouddhisme. Le bouddhisme vient de Bouddah, qui était un prince très intelligent. Je résume.

Comme chez les Indiens la vie n'est pas une partie de plaisir, tout le monde aimerait bien mourir pour de bon et aller dans une sorte de paradis qui s'appelle le Nirvana. Peut-être que le Nirvana est pareil au néant, mais pour les bouddhistes, c'est quand même le paradis. Allez comprendre...

Arriver au Nirvana n'est pas chose facile parce que chaque fois qu'un être vivant meurt, son âme va se loger dans un autre être. Homme ou animal, les âmes ne font pas la différence. Vous imaginez le travail. Les âmes en ont plein le dos de se balader sans arrêt. Tout le boulot consiste à échapper à ces réincarnations et au monde qui n'est qu'une vaste blague, une illusion géante qui s'appelle la *maya*. Pour s'en sortir, il faut devenir très pauvre, très sage et très saint, et se baigner dans les fleuves sacrés.

Enfin, nous sommes arrivés à l'Afrique, où les religions sont mystérieuses et excitantes parce qu'elles sont pleines de magie. En Afrique, le monde est rempli de vies secrètes. Chaque être et chaque chose possèdent une âme à laquelle on peut parler et qui peut vous jouer des tours. Les esprits des morts reviennent se mêler des affaires des vivants. Les dieux qui dirigent ce monde fourmillant sont souvent taquins, mais aussi souvent injustes. Heureusement, les sorciers savent comment se débrouiller, ils ont des pouvoirs extraordinaires. Ils peuvent guérir les malades et les fous, se changer en animaux, faire tomber du ciel des pluies de pierres.

– Ceux qui croient que tous les éléments de l'univers possèdent une âme sont des animistes, m'a expliqué Alfred.

– Alors je suis souvent animiste, ai-je dit à Alfred.

– Comme tu veux, mon garçon, m'a-t-il répondu, le nez dans le dictionnaire. Je suis pour la liberté des gens.

12

La tête me tournait. J'avais beau avoir passé mon temps à copier, je n'avais jamais autant travaillé. Mais, pour une fois, j'étais sûr d'avoir appris quelque chose. Je pensais en avoir terminé, quand Alfred m'a pris par l'épaule.

– Dis donc, m'a-t-il dit, il y a des gens dont tu ne parles pas du tout dans ta leçon.

– Ah oui, lesquels ?

– Mais nous, mon ami, nous, les athées. Il faudrait au moins nous consacrer un petit mot.

– Qui sont les athées ?

– Ceux qui ne croient pas du tout en Dieu. Ce serait une grande bêtise de parler de Dieu sans parler des athées, ça ne voudrait rien dire. Car si l'on parle des gens qui croient en Dieu, c'est bien qu'il en existe d'autres qui n'y croient pas.

Nous avons donc fini la préparation de cet exposé sur les athées, qui n'ont pas toujours rigolé, surtout à l'époque où les papes et les rois les brûlaient sur des bûchers pour manque de religion.

– Sache, jeune ignorant, m'a dit Alfred, qu'il existe toujours des pays où les athées risquent leur vie.

– Pas en France, tout de même ? ai-je demandé, très inquiet pour lui et pour mon père.

– Non, pas en France, et pourvu que ça dure, a répondu Alfred. J'espère que tu me défendrais si j'avais des ennuis.

– Bien sûr, lui ai-je dit en lui serrant très fort la main. Compte sur moi.

J'avais écrit mon exposé sur un papier, et préparé quelques documents : photos de gens pratiquant leur culte, pages de livres saints, vues de mosquées ou de synagogues, et même un dessin de Ganesh, le dieu à tête d'éléphant des hindous de l'Inde. Pour être bien sûr de moi, Alfred m'a fait répéter mon texte. Je n'ai pas honte de le dire : je le connaissais presque par cœur.

Le matin fatal, j'avais tellement mal au ventre que je n'ai pas réussi à manger. Alfred avait tenu à m'accompagner à l'école. Il est venu me chercher chez moi à huit heures et quart, ce qui a bien surpris ma mère. Je suis parti noblement, accroché à sa main. Il m'a acheté un pain au chocolat à la boulangerie du coin de la rue, et l'a fourré dans ma poche.

– Pour la récré, a-t-il dit. Tu auras sûrement un petit creux après l'exposé.

Je suis entré dans la cour en toute modestie, et je me suis rangé discrètement dans le rang. Nous sommes montés en classe. Nous étions à peine installés à nos tables que la maîtresse m'a appelé à son bureau. J'ai traversé la classe, mes papiers sous le bras, en m'évanouissant plusieurs fois en route. C'était du moins mon impression. Je me suis placé sur l'estrade, derrière le grand bureau, et madame Ablette est partie s'installer à ma place. Par chance elle n'est pas très grande, elle a donc pu s'asseoir confortablement sur ma petite chaise. Et de façon un peu ridicule, la jupe drôlement relevée sur ses genoux.

J'ai regardé la classe. J'ai eu très envie de faire pipi. J'ai pensé que j'allais mourir de peur, sur cette estrade, devant tout le monde. Mais il était trop tard pour reculer. Alors j'ai commencé à parler.

Le premier mot qui est sorti de ma bouche a entraîné tous les autres. J'ai oublié ma peur. Je parlais à la classe comme j'aurais parlé à Thomas. J'expliquais avec des gestes, en montrant mes photos. Je n'ai pas vu le temps passer, et soudain je me suis rendu compte que j'avais terminé.

– Et voilà, ai-je dit, c'est déjà fini.

Madame Ablette s'est levée de ma chaise en rajustant sa jupe et m'a rejoint tandis que je ramassais mes papiers.

– Mes chers enfants, a-t-elle dit à la classe qui me regardait d'un seul regard rond, je pense que vous pouvez applaudir votre petit camarade. Il s'en est très bien tiré et il nous a appris beaucoup de choses.

Je ne sais pas si mon triomphe a fait plaisir à tout le monde. Mais personne n'a osé désobéir : ils m'ont tous applaudi. J'ai à nouveau eu très envie de faire pipi. Je suis retourné à ma place dans un brouillard de gloire, et j'ai entendu madame Ablette dire :

– Je te mets un 10 qui comptera dans ta moyenne. Tu ne l'as pas volé. Maintenant passons aux mathématiques. Prenez une feuille blanche.

Je serai franc : j'ai eu un 0 en mathématiques. Mais pour une fois, il n'avait aucune importance.

13

Cette splendide aventure scolaire m'a réconcilié avec le CM2. Pas complètement toutefois. Tel saint Joseph de Cupertino, il m'avait suffi de réussir une fois pour me faire une bonne réputation, et l'on me parlait désormais avec respect. Mais tel saint Joseph, dans le fond et pour le reste, j'étais resté le même. J'étais toujours aussi faible en fractions et en orthographe, et je n'arrivais toujours pas à terminer mes contrôles à l'heure.

Il n'empêche... En dépit des notes moyennes, médiocres ou minables, je voyais désormais le reflet de ma dignité dans le regard de madame Ablette. Et j'en étais fier.

Un peu de cette fierté a gagné mes parents à qui j'ai fini par raconter mon aventure. En fin de compte, les parents ne demandent qu'à être fiers. Ça les rend meilleurs.

Ils se sont d'ailleurs chargés de colporter le récit de mon succès autour d'eux. Sitôt avertis, mes grands-parents m'ont téléphoné pour me féliciter. Chacun des membres de la famille était d'autant plus content qu'il pensait que j'avais réussi grâce à lui : ma mère à cause de ses histoires à dormir debout, mon père à cause de l'athéisme, ma grand-mère à cause de la foi, et mon grand-père à cause de nos discussions dans le grenier. Mais, cette fois, j'avais réussi grâce à moi seul, avec le coup de main d'Alfred.

Savoir un tas de trucs sur Dieu m'a complètement ôté la manie de prier. Quand on voit le bazar des religions, on ne passe pas son temps à genoux sur le tapis pour quémander des bonnes notes au ciel. On garde la tête froide et on réfléchit. En revanche, mes connaissances m'ont servi pour l'amitié. C'est sans doute la meilleure chose qui pouvait leur arriver.

Quelques jours après mon exposé historique, ma mère m'a appelé dans la cuisine.

– Henri, j'ai reçu ce matin un coup

de téléphone des Pyrénées. Il est arrivé un sale coup dans la famille de Thomas. Sa grand-mère, la mère de sa mère, vient de mourir brusquement.

Je n'ai pas su quoi dire. C'était la première fois que je me rendais compte que des gens qu'on aime peuvent disparaître de l'univers connu et nous laisser abandonnés au chagrin.

– Thomas va venir dormir ici vendredi soir, a poursuivi maman. Ses parents remontent à Paris pour l'enterrement et ils emmènent leur fils. Ils ont laissé sa sœur à des voisins. Elle est encore trop petite pour les accompagner. Je compte sur toi pour être gentil avec ton copain.

– Bien sûr, ai-je dit machinalement.

Mais la remarque de ma mère m'a

rendu fou : comme si j'allais me montrer méchant avec Thomas, mon seul ami dans la peine !

14

– Salut, ai-je dit à Thomas quand il a franchi le seuil de la porte, engoncé dans son anorak, à dix heures du soir. Sur le palier, environné de nuit, il ressemblait à un voyageur inattendu, envoyé par le sort.

– Salut toi, m'a dit Thomas.

Je suis toujours étonné de retrouver un ami que je n'ai pas vu depuis des mois. Je reconnais son visage, mais il me semble que je le vois avec des yeux nouveaux. Je l'admire en silence un instant. Puis j'oublie ma surprise et les choses redeviennent comme avant, habituelles et ordinaires.

Ce soir-là, ma surprise était mélangée de curiosité. Je me demandais si je verrais le chagrin sur le visage de mon ami. Je m'étais même préparé à essuyer ses larmes, si jamais il devait pleurer.

Mais ce grand garçon large sur le seuil de la porte avait les yeux secs. Je reconnaissais sa carrure bien large et ses cheveux épais et sombres. Il me fixait d'un regard sec et d'un air furieux. Sa mère lui tenait la main. Elle avait le blanc des yeux rouge et son visage était pâle. Accroché à son garçon, elle semblait la plus petite et la plus fragile des deux.

Ma mère a serré la main de Thomas

qui déteste qu'on l'embrasse. Puis elle a serré sa mère dans ses bras. Toutes les deux sont parties s'enfermer dans la cuisine pour chuchoter à leur aise.

Moi, j'ai emmené Thomas dans ma chambre afin qu'il admire mon serpent de deux mètres et ma souris à cinq francs.

– La souris est beaucoup trop petite par rapport au serpent, a tout de suite remarqué Thomas en enlevant son anorak.

Je suis fier de mon ami parce qu'il remarque toujours ce qui est important. Je suis aussi énervé par sa facilité à souligner ce qui cloche. Mais il s'est vite désintéressé de mes nouveaux jouets. Il a déposé son sac à dos sur mon lit et s'est assis par terre.

– Ma grand-mère est morte, a-t-il dit. (Il a secoué ses mains devant sa figure.) Ça me rend dingue.

– Qu'est-ce qui te rend dingue ?

– Je ne sais pas, a répondu Thomas, c'est justement ce qui me rend dingue.

Il avait attrapé la souris et la tapotait par terre avec un mouvement régulier de métronome.

Thomas est le genre de type à avoir des pensées bizarres, par exemple que sa mère vient lui sucer le sang la nuit, ou que sa sœur traverse l'appartement avec des ailes de chauve-souris. Mais il n'a jamais de mal pour en parler, au contraire. J'étais donc surpris et embarrassé par son silence.

Heureusement, les mères ont fait diversion en ouvrant brusquement la porte de ma chambre. Comme deux hérons, elles ont pointé leur visage vers nous.

– J'y vais, Thomas, a dit sa mère, à demain matin.

Elle a passé la main dans les cheveux de son fils, qui ne lui a pas répondu. Puis elle s'est tournée vers moi.

– Essaie de distraire ton copain, Henri. Il a besoin qu'on lui raconte des histoires.

Je n'ai pas répondu non plus, pour montrer que j'étais du côté de Thomas. Mais je me suis levé pour embrasser cette petite femme aux yeux rouges. Maman l'a raccompagnée à la porte.

– Enfilez vos pyjamas et couchez-vous, les garçons, a-t-elle dit en revenant dans la chambre. Vous pouvez garder la petite lumière allumée pour vous endormir, a-t-elle ajouté.

J'ai été extrêmement surpris. D'habitude, quand il s'agit de dormir, elle refuse la moindre petite lueur dans ma chambre. Je suis obligé d'aller finir mon journal dans les toilettes.

– Ne bavardez pas trop tard, a-t-elle enfin dit en fermant la porte de la chambre. Je vais me coucher, je suis vannée.

Nous nous sommes retrouvés tous les trois, moi, Thomas et le silence.

15

En silence, nous nous sommes mis en pyjama. En silence, nous nous sommes allongés côte à côte dans mon lit. En silence, nous avons regardé la lumière. Je ne trouvais rien à dire et Thomas serrait les lèvres.

– Tu es triste ? ai-je fini par lui demander pour casser le poids du silence.

– Je ne dors pas, a-t-il répondu, comme si c'était une réponse. Je pense.

– À quoi tu penses ? ai-je demandé.

– Je pense toujours à la même chose, c'est-à-dire à rien. Quand je me mets à penser à quelque chose, je ne vois que du noir et que le mot *mort* qui se balade dans ma tête.

– Tu crois que ça va durer longtemps ?

– Oui, je crois.

Voilà où nous en étions un peu avant minuit, Thomas et moi. J'aime autant dire que j'étais mal à l'aise. Je n'osais plus lui poser de questions. Mais dans le même temps je ne pouvais pas m'endormir en paix à côté d'un type qui devenait dingue les yeux grands ouverts à broyer du rien. Voilà comment j'ai décidé de le provoquer. Après tout, Thomas a toujours bien aimé se disputer pour des idées. C'était le moment ou jamais.

Je me suis levé de mon lit et j'ai fouillé sur mon bureau pour retrouver le texte et les images de mon exposé.

– Puisque tu ne dors pas, je vais te faire la démonstration de mon exposé sur Dieu, ai-je annoncé en mettant la main sur le tas de feuilles.

– Qu'est-ce que c'est que cette ânerie ? a demandé Thomas, qui s'était assis de surprise et me regardait faire, le visage appuyé dans les mains.

– Tu vas voir. Tais-toi cinq minutes.

Et me voilà qui recommence le spectacle pour un seul spectateur. Je dois avouer que les vingt-cinq élèves de la classe tout entière étaient beaucoup plus tranquilles que le seul Thomas. Tout le temps de l'exposé, alors que j'expliquais les différences entre le Dieu des juifs, des chrétiens et des musulmans et les religions de l'Orient, mon public unique poussait des cris d'horreur et ponctuait mes paroles de remarques désagréables. Il disait par exemple :

– Mais c'est de plus en plus bête,

ou :

– Complètement impossible, totalement absurde,

ou :

– Un tas de fables à dormir debout.

Il lui arrivait même de ricaner pour bien marquer sa désapprobation. Mais ce public enragé est mon ami : j'ai donc continué courageusement à parler, content qu'il s'intéresse, même si c'était pour se moquer. Il faut dire qu'il m'est arrivé d'hésiter, car lorsqu'on parle de Dieu, on parle beaucoup de la mort. Je craignais que Thomas ne pense trop à sa grand-mère et ne se remette à regarder le plafond en silence. Mais bien au contraire, il était très intéressé, ce qui se remarquait à la fureur particulière avec laquelle il m'attaquait.

– Comment ça, la réincarnation ! criait-il, outré.

– Le paradis, du pipeau ! disait-il aussi.

Quand j'ai eu terminé mon exposé dans le désordre, j'ai montré mes documents (mosquées et synagogues, cultes et livres saints...). Et je me suis tu. Thomas m'a regardé d'un regard triomphant :

– Maintenant, vas-y. Qu'est-ce qui te semble le mieux, à toi ?

– Je ne suis pas sûr, ai-je dit. Qu'est-ce que tu penses de la réincarnation ?

Et nous voilà tous les deux partis à discuter à perte de vue de ce qui peut arriver après la mort, et pourquoi y aurait-il quelque chose, et si le corps peut loger une âme libre, et toute cette sorte de choses si passionnantes quand on s'y intéresse de près.

Enroulée dans son peignoir, ma mère est entrée dans la chambre alors que Thomas hurlait :

– Mais enfin, imagine l'âme de mamie s'envoler pour aller se fourrer dans le corps d'une fourmi ! Espèce d'âne ! Triple buse ! C'est aussi idiot que les aventures du Bon Dieu ! Raconte-moi encore cette affaire de paradis, que je te prouve ta bêtise crasse !

J'allais répliquer quand ma mère l'a interrompu d'une voix douce.

– Il est deux heures du matin, les garçons. Arrêtez de crier. Vous allez réveiller la voisine du dessus. Essayez plutôt de dormir.

Un peu gênés, nous sommes remontés dans le lit et nous nous sommes glissés sous la couette comme un seul homme.

En sortant, avant de refermer la porte, ma mère a éteint la lampe.

– Dormez bien, a-t-elle dit une dernière fois.

Sitôt la porte fermée, Thomas s'est tourné vers moi :

– Il y a quelque chose que je n'ai pas bien compris, a-t-il chuchoté. Reprenons le chapitre du paradis et dis-moi ce que tu sais. Tous les chrétiens croient-ils que leurs grands-mères partent au paradis ?

Nous avons continué à parler à voix basse une bonne partie de la nuit. Le sommeil nous a pris par surprise.

16

Au matin, il a fallu nous secouer comme des pruniers. Nous continuions à rêver à haute voix l'un à côté de l'autre sans réussir à sortir du sommeil. Ma mère a décidé d'employer la manière douce. Elle nous a préparé un plateau couvert des délices du petit déjeuner, des œufs, du jus d'orange, des céréales.

– Comment ça ? des œufs ?! a grogné Thomas en clignant des yeux quand le plateau est arrivé sur notre lit, porté par les bras gracieux de ma mère et déposé sur nos genoux.

Mais il les a quand même mangés et bien mangés. Et nous avons fini par nous lever. Il terminait de s'habiller quand sa mère est arrivée. Elle venait le chercher pour l'emmener aux cérémonies de l'enterrement.

– Adieu, espèce de catholique, m'a-t-il dit sur le pas de la porte, en me serrant la main.

– Salut, lui ai-je répondu, on se verra cet été dans les Pyrénées.

– Si Dieu le veut, a-t-il ricané avant de me tourner le dos et de disparaître dans l'escalier.

La porte s'est refermée et j'ai suivi ma mère qui fonçait dans la cuisine pour boire son café. Je me suis préparé un bol de céréales.

– Qu'est-ce que vous avez brocanté

cette nuit ? m'a-t-elle demandé. Vous avez fait un bruit effrayant.

– Il n'arrivait pas à dormir, alors je lui ai fait mon exposé sur Dieu, ai-je expliqué tout simplement.

Elle m'a regardé avec des yeux ronds.

– Pas bête, a-t-elle remarqué.

À cet instant, la sonnette a retenti à nouveau.

– Ton copain a dû oublier quelque chose, a lancé maman en se dirigeant vers la porte.

Erreur. Thomas n'avait rien oublié. C'était Alfred qui passait nous dire un petit bonjour du matin, à moitié réveillé lui aussi, mais levé par la force des choses.

– Les plombiers, a-t-il gémi en

entrant. Les plombiers m'ont sorti du lit à huit heures. Huit heures! Et plus de café chez moi... Je me suis dit qu'il devait y en avoir chez vous. Ça marche?

– Ça marche, a dit ma mère. La cafetière est encore pleine.

Il s'est assis dans la cuisine et maman lui a servi une tasse de café. Je me suis assis sur ses genoux, en dépit de mon vieil âge. Même à dix ans, on a le droit de se sentir enfant, par moments.

– Henri est un peu fatigué, a immédiatement raconté maman, dans son rôle préféré d'impératrice des cafetières. Il a passé une bonne partie de la nuit à refaire son exposé pour son copain Thomas. La discussion a été vive. J'ai été réveillée par des hurlements à deux heures du matin.

– Cet exposé est décidément une affaire en or, a souligné Alfred. Es-tu seulement parvenu à apaiser la peine de ton ami ? m'a-t-il demandé.

– Oh là là, je ne sais pas, ai-je dit. Nous avons simplement discuté de Dieu et de l'âme, tous ces trucs, tu vois ?

– Je vois très bien, a dit Alfred. C'est parfait.

– Parfait ? s'est étonnée ma mère. Je m'étonne qu'un athée comme toi trouve parfait que son neveu passe la nuit à discuter de Dieu.

– Ma chère amie, a dit Alfred, si un athée comme moi devait trouver une seule raison de s'intéresser à Dieu, ce serait celle-là : il nous permet de parler de lui toute la nuit. Je remarque d'ailleurs qu'en causant de lui, nous causons toujours de nous. Et je remarque aussi qu'à la fin de ces discussions, nous ne sommes ni plus bêtes ni plus malheureux. Bien au contraire.

– Mais alors, ai-je dit à Alfred, tu t'en fiches de croire en Dieu ?

– Bien sûr que je m'en fiche, mon coco, m'a-t-il répondu. Ce n'est pas si important de croire. Il est beaucoup plus important et plus valeureux de discuter. Un gros malin a écrit un jour que Dieu était une mauvaise réponse, mais une bonne question. Dieu est fait pour les hommes et pour le temps présent. Pas pour les étoiles ni pour l'éternité.

J'ai regardé dans les céréales. J'ai pensé aux galaxies mortes qui tournoient interminablement dans le froid intersidéral. Je me suis dit qu'on pouvait les laisser tourner sans se faire trop de souci.

– Bon, j'ai dit, il est bientôt huit heures et quart. Tu me conduis à l'école, quelqu'un ?

– D'accord, a dit Alfred. Va chercher ton cartable, on met les voiles.

Nous sommes partis une nouvelle fois tous les deux vers l'école. Moi très fatigué, Alfred un peu fatigué. Devant le portail, nous avons croisé madame Ablette, le béret de travers, le cartable à la main et les yeux cernés. Elle m'a passé la main dans les cheveux.

– Alors, mon garçon, m'a-t-elle lancé, au bout du compte, tu peux me dire si Dieu existe ? D'après toi ?

J'ai réfléchi trois secondes en serrant la main d'Alfred.

– Allez savoir, lui ai-je répondu. C'est une question qui se discute.

Elle a rigolé.

– Allons-y, nous allons être en retard.

Alfred m'a lâché la main et je suis entré dans la cour derrière ma maîtresse. Le soleil perçait doucement dans le matin.

Loi numéro 49 956 du 16 juillet 1949 sur les publications
destinées à la jeunesse : septembre 1994
Dépôt légal : juillet 2005
Imprimé en France par Aubin Imprimeur à Poitiers